Reise durch

OSTPREUSSEN

Bilder von
Wolfgang Korall

Texte von
Gunnar Strunz

Stürtz

Erste Seite:
Ostpreußen ist das Land der Störche. Nirgendwo anders, so scheint es, fühlen sie sich wohler, als in seinen feuchten Niederungslandschaften – wie hier bei Bolschakovo (Skaisgirren/Kreuzingen) im Kaliningrader Gebiet, am Rand der Memelniederung.

Vorherige Seite:
Die Marienburg (Malbork) an der Nogat war der Hauptsitz des Deutschen Ritterordens. Sie gilt als größte Backsteinarchitektur der Welt und entstand in ihren wesentlichen Teilen in nur 15 Jahren zwischen 1274 und 1290.

Unten:
Trotz allem touristischen Getümmels hat Nidden (Nida) viel Beschaulichkeit bewahren können. Auch existiert eine umfassende Infrastruktur.

Seite 10/11:
Die Hohe Düne von Nidden (Nida) auf der Kurischen Nehrung erhebt sich 60 Meter über Haff und Ostsee.

Inhalt

Das Land der Väter mit der Seele suchen

Ordensschloss und Dom bilden in Marienwerder (Kwidzyń) eine untrennbare Einheit. Bereits 1233 entstand hier eine der ersten Burgen des Ordenslands.

Kein anderer Landstrich Mitteleuropas steht für so viele Menschen als Synonym für ein verschwundenes Paradies wie Ostpreußen. Wer einmal dort gelebt hat, kann es nie wieder vergessen – so sagen zumindest die Ostpreußen. Von den untergegangenen deutschen Ostprovinzen sind Pommern und Schlesien, so scheint es, weniger mit Emotion behaftet als die Landschaft an Memel und Pregel. Der Name der nordöstlichsten deutschen Provinz ist Symbol für das Unerreichbare, für ein unwiederbringlich Verlorenes. Das mag einesteils darin liegen, dass die Nachkriegsgeschichte Ostpreußens zumindest in seiner nördlichen Hälfte einen ganz anderen Verlauf als im südlichen Teil bzw. in Pommern und Schlesien nahm. Während es seit den sechziger Jahren ohne allzu große Probleme möglich war, Süd-Ostpreußen, Pommern und Schlesien wieder zu bereisen, blieb der Norden Ostpreußens mit der Hauptstadt Königsberg abgeriegelt. Die »Kaliningradskaja Oblast« (Kaliningrader Gebiet), wie das Gebiet nun seitens der Sowjets genannt wurde, erfuhr den Ausbau zu einem militärischen Sperrgebiet, das für Ausländer völlig verschlossen war und in das selbst Sowjetbürger, wenn sie nicht dort lebten, keinen Zugang erhielten. Dazu kam noch, dass Königsberg wie keine andere Stadt des untergegangenen deutschen Ostens zerstört war, die Ruinen im Zentrum zugunsten leerer Flächen abgetragen wurden und ein Wiederaufbau nach historischen Stadtstrukturen, wie beispielsweise in Danzig, nirgendwo im Stadtgebiet erfolgte. Kaliningrad, wie die Stadt seit 1946 heißt, wurde im Zentrum zu einer gesichtslosen Neubauwüste, zu einer rein sowjetischen Stadt, die ebenso gut hinter dem Ural hätte stehen können. Kaum Informationen drangen von hier nach Westeuropa. Nord-Ostpreußen wurde zur

»terra incognita«, blieb unbesuchbar, unerreichbar. Es wäre leichter gewesen, mit der NASA zum Mond mitzufliegen, als eine Besuchserlaubnis für das nördliche Ostpreußen zu bekommen! Diese Sehnsucht nach dem Unerreichbaren hätte allein aber vielleicht nicht ausgereicht, den Begriff »Ostpreußen« mit solch einem Nimbus zu versehen, wenn die ostpreußische Landschaft nicht andererseits von erlesener Schönheit gewesen wäre. Eine Landschaft von unvergleichlichem Zauber – mit jenem weiten, hohen Himmel, den es in der Tat nur dort gibt.

Über Ostpreußen heute zu schreiben, ist schwierig. Denn erstens ist die preußische Provinz 1945 von den Karten getilgt worden und heute zwischen drei Staaten verteilt. Der schmale Streifen nördlich des Memelstroms mit dem Nordteil der Kurischen Nehrung war bereits 1919 durch das Versailler Diktat Litauen zugesprochen worden. Ostpreußen, wie es dann bis 1945 bestand, wurde durch das Potsdamer Abkommen geteilt. Ein kleinerer nördlicher Teil mit dem Samland und der Hauptstadt Königsberg, zwischen Memel und einer mit dem Lineal gezogenen, willkürlich Dörfer und ehemalige Verwaltungsgrenzen zerschneidenden Grenze, die sich vom Frischen Haff über Heiligenbeil – Preußisch Eylau – Gerdauen bis Goldap zieht, geriet unter »sowjetische Verwaltung«. Die südlichen Teile dagegen, mit dem Oberland, mit Ermland, Masuren und dem Rest Westpreußens östlich der Weichsel wurden Polen angegliedert.

Zweitens leben seit knapp 60 Jahren dort die verschiedensten Völker und Nationen, nachdem die angestammte deutsche Bevölkerung nach Westen vertrieben worden ist. Können sich denn die kulturellen Mannigfaltigkeiten nebst ihren Überschneidungen objektiv darstellen lassen, besonders da das janusköpfige heutige Gebiet des alten Ostpreußen unter der dünnen Haut der Polonisierung bzw. Sowjetisierung der letzten 60 Jahre stets die siebenhundertjährige deutsche Geschichte erkennen lässt? Zwar sieht man russischerseits Nord-Ostpreußen lediglich als Kriegsbeute an, als ein Gebiet, das zwar lange deutsch gewesen sei, aber jetzt eben zu Russland gehöre, doch geht die polnische Lesart von einem »kernpolnischen Urland« in Ostpreußen aus, das eben nur einige Jahrhunderte »okkupiert« gewesen sei. Über Ostpreußen zu schreiben, ist deshalb eine Gratwanderung, ein Politikum.

Etwa 500 Kilometer sind es von Berlin bis nach Ostpreußen. Die kürzeste Route in das Sehnsuchtsland führt über den alten Königsweg der früheren Reichsstraße 1. Nur dünn ist die Landschaft besiedelt. In Schlochau (Człuchów),

Rossitten (Rybatschij) auf der Kurischen Nehrung konnte durch die Zeiten den Zauber eines weltverlorenen Fischerdorfs bewahren.

kurz vor der Reichsgrenze von 1937, grüßt der Turm der Ordensritterburg. Hier, etwa in der Mitte zwischen Berlin und Königsberg, ist das Land des Deutschen Ritterordens erreicht. Mit Ankunft an der breiten Weichselniederung steht man vor Ostpreußens Toren. In östlicher Richtung erscheint, kaum am Horizont sichtbar, ein kantiges lichtbraunes Gebilde. Bald ragt es in überwältigender Pracht über der Nogat auf: Die Marienburg, die größte Backsteinarchitektur der Welt, ist gleichsam das riesige Eingangsportal in das Land.

Von der Eiszeit geprägt

Ostpreußen reicht, auf einer Fläche von etwa 37 000 Quadratkilometern, von der fruchtbaren Weichselniederung im Südwesten bis zum Memeldelta im Norden und Nordosten. Es erstreckt sich von den masurischen Seen im Südosten bis zum Frischen Haff und der samländischen Steilküste im Westen und Nordwesten. Die letzte Eiszeit, die vor 10 000 Jahren zu Ende ging, prägte überwiegend das Gesicht des Landes. Die höchsten Erhebungen finden sich im Südwesten, wo der breitwellige Preußische Landrücken sich von der Kernsdorfer Höhe bei Osterode (Ostróda), dem mit 313 Meter höchsten Berg der alten Provinz (und gleichzeitig der höchsten Erhebung zwischen Harz und Uralgebirge!) durch Masuren bis hin zum Seesker Berg (310 Meter) bei Goldap im Osten zieht. Der Norden ist weitgehend flach und erreicht meist kaum mehr als 40 Meter Höhe und einige Gebiete der Memelniederung (Moosbruch, Elchniederung) liegen sogar unter dem Meeresspiegel.

30 Kilometer hinter der Marienburg liegt Elbing (Elbląg). Die Schwesterstadt Danzigs war vor 600 Jahren die weitaus bedeutendere der beiden Hansestädte. Doch mit dem Verlanden der (jetzt nicht mehr vorhandenen) Öffnung des Frischen Haffs zur Ostsee hin, verlor Elbing seine handelsgeografisch günstige Position. Die Stadt konnte bis 1945 ein bezauberndes Ensemble alter Kaufmanns- und Bürgerhäuser aufweisen, das allezeit neben Danzig bestehen konnte. In den letzten Kriegsmonaten wurde das Zentrum zu 95 Prozent zerstört und blieb bis 1990 unbebaut. Der Wiederaufbau des alten Stadtkerns, der noch nicht abgeschlossen ist,

vereint in äußerst gelungener Form originalgetreu rekonstruierte Straßenzüge mit Vierteln, in denen gotische und barocke Bauelemente in fantasievoller moderner Umschreibung faszinieren.
In südlicher Richtung steigt das Oberland bis zur Kernsdorfer Höhe hin an. Es ist ein landwirtschaftlich reiches Land. Vom Wohlstand seiner früheren Bewohner künden die stattlichen Vorlaubenhäuser. Eine technische Meisterleistung ist der sogenannte Oberländische Kanal. Schon um 1825 war eine Verbindung zwischen den höher gelegenen Seen des Oberlands und dem Drausensee bei Elbing und damit auch dem Frischen Haff geplant. Doch hätten dabei etwa 100 Höhenmeter überwunden werden müssen. Insgesamt fünf Geländestufen innerhalb der Seenkette sollten durch geneigte Ebenen verbunden werden. Auf diesen konnten die Schiffe über Wagen auf Schienen hinaufgezogen werden. 1845 begann unter dem Königsberger Ingenieur Steenke der Bau, der 1860 im wesentlichen abgeschlossen war und zunächst der Güterbeförderung diente. Mit dem Bau der Eisenbahn von Elbing nach Osterode 1893 wurde er unrentabel. Er blieb allerdings eine besondere Kuriosität für Touristen.
Bei Allenstein (Olsztyn) gehen Oberland, Ermland und Masuren ineinander über. Das Ermland, benannt nach dem Pruzzenstamm der Warmier, etwa zwischen Frischem Haff, Heilsberg (Lidzbark Warmiński) und Allenstein zu suchen, hat eine besondere Geschichte, denn obwohl im Herzogtum Preußen nach 1520 die Reformation eingeführt wurde, konnte der Bischof von Ermland seine Selbstständigkeit behaupten – denn das Gebiet war seit 1466, seit dem Zweiten Thorner Frieden, der polnischen Krone unterstellt und blieb katholisch. Allenstein, die zweitgrößte Stadt des früheren Ostpreußen, ist damals wie heute Verwaltungssitz, der Woiwodschaft »Warmia i Mazury«, Ermland und Masuren. Das nördliche Ermland, ein Teil des ehemals pruzzischen Gaus Natangen, ist sehr einsam. Immer wieder Gleiskörper und Brücken ohne Schienen. Man spürt die Nähe der Grenze zum Kaliningrader Gebiet. Vielen der weiter nach Norden führenden Straßen gebieten bald Unkraut und Stoppschilder Halt. Überwältigend thront über dem Städtchen Frauenburg (Frombork) am Frischen Haff die Kathedrale, der architektonisch schönste Kirchenbau Ostpreußens, in der der Domherr und Astronom Nikolaus Kopernikus seine letzte Ruhestätte fand.
Von Guttstadt (Dobre Miasto) erstreckt sich über Seeburg (Jeziorany) nach Rössel (Reszel) eine der schönsten, doch bei Touristen fast unbekannt gebliebene »Panoramastraße« durch

Auf dem Dorffriedhof von Nidden (Nida) finden sich noch viele Gräber aus deutscher Zeit. Die Grabbretter sind in Form einer Kröte gehalten, die bei den Kuren als ein Symbol für das Weiterleben nach dem Tod standen.

Die Rache des Schlosses

Das alte Königsberg war Hauptstadt, Verkehrs- und Wirtschaftszentrum der Provinz Ostpreußen. Es besaß mit seinem Schloss eine der drei großen Hohenzollernresidenzen neben Potsdam und Berlin, von denen keine auf die heutige Zeit gekommen ist. Zwei vernichtende englische Bombenangriffe vom August 1944, denen das Artilleriebombardement während der Belagerung Anfang 1945 folgte, sowie die Zerstörungswut der Nachkriegsjahre ließen kaum etwas übrig. Im Zentrum Kaliningrads ist Königsberg nicht mehr zu erkennen – das alte Straßennetz nicht mehr zu finden. Am früheren Kaiser-Wilhelm-Platz, jetzt »Centralnij ploschtschad« – Zentraler Platz – stand das Hohenzollernschloss. Doch auf der weiten Fläche steht nur eine Ansammlung von Kleinläden in Containern und dahinter der Moloch des »Hauses der Räte«, in das die Gebietsverwaltung einziehen sollte. Es wurde auf den Fundamenten des Schlosses errichtet, das aus ideologischen Gründen 1968 abgetragen wurde. Doch bei der mehraktigen Sprengung ist so viel Dynamit eingesetzt worden, dass die Fundamentreste zerbrachen und der umliegende Boden so aufgelockert wurde, dass der Neubau begann, sich zum Pregel hin zu neigen. Das »Dom Sovjetov« konnte nie bezogen werden. Die Rache des Schlosses? Hier im fehlenden Herz des alten Königsberg, 590 Kilometer von Berlin, wird ein weiteres Mal die Tragik des Schreckensjahres 1945 offenkundig.

Doch sind die nordostpreußischen Landschaften von erhabener Schönheit geblieben. Die Memelniederung zwischen Labiau, Tilsit und der Stadt Memel mit ihren Sümpfen und Kanälen an der Ostseite des Kurischen Haffs ist von eigentümlichem Zauber. Von Mehlauken (Zalesje) gelangt man durch Äcker und einsame Wälder an die äußersten Vorposten der Besiedlung an der Ostseite des Haffs. In Lauknen (Gromowo) ist das Große Moosbruch erreicht. Mit 125 Quadratkilometer Fläche war es einst das größte Hochmoor Deutschlands. Heute noch ist es die Heimat seltener Pflanzen wie Kienporst und Sonnentau. Schier unendliche Erlenbruchwälder, durchzogen von zahllosen Abzugsgräben, die schwarzes Moorwasser führen, geben vielen Elchen Lebensraum. Hoch-

moore mit Birken und Krüppelkiefern verleihen der Landschaft ein »ostisches« Gepräge. Die Moosbruchbauern führten ein ärmliches Dasein. In den Mooren mussten die Pferde stets Holzschuhe tragen, um nicht einzusinken.
In Tilsit stehen weite Altbauquartiere noch. Aber das alte Herz der Stadt, um Rathaus, Deutsche Straße und die Stadtkirche, die »Deutsche Kirche« besteht nicht mehr, wenngleich der alte Boulevard, die Hohe Straße noch gut erhalten ist. Doch Tilsits Wahrzeichen, die Luisenbrücke mit ihrem gewaltigen Portal, zieht sich wie einst über die Memel, die jetzt Grenzfluss zu Litauen ist. Von Tilsit aus erreicht man über Heinrichswalde (Slawsk), einem kleinen unzerstörten Marktflecken, den äußersten Norden des Kaliningrader Gebiets, durch seine abgeschiedene Lage eine Region großer Armut und der Zerstörung.
Der Riegel des Samlands, der sich nordwestlich von Königsberg in die Ostsee schiebt, ist mit seinen Steilküsten und den in sie tief eingekerbten Schluchten von besonderem landschaftlichen Reiz. Hier befindet sich in Palmnicken (Jantarnyj) der Welt größte Bernsteinfundstätte. Rauschen (Svetlogorsk), das vornehme Ostseebad ist wahrscheinlich der besterhaltene Ort des Königsberger Gebiets. »Sotschi des Nordens« sagen die Russen und vergleichen es mit dem berühmten Schwarzmeerbad. Nur 35 Kilometer von Königsberg entfernt, war und ist es die »Badewanne« der Stadt.
Die hinreißende Schönheit der ostpreußischen Küstenlandschaften lässt sich kaum schildern. Starke Strömungen aus westlichen Richtungen, die Sand von der ostpommerschen wie auch samländischen Küste anschwemmten, schufen im Lauf weniger tausend Jahre die einzigartigen Nehrungen, die in dieser Länge fast nirgendwo auf der Welt zu finden sind. Die kleinere, die Frische Nehrung, ist 56 Kilometer lang und erstreckt sich von Pillau bis zum Danziger Werder nahe der Weichselmündung. Auf polnischer Seite, mit dem Ostseebad Kahlberg (Krynica Morska) viel besuchtes Badegebiet, ist ihr nordöstlicher Abschnitt, auf russischem Territorium, weit gehend unzugänglich. Die längere, die Kurische Nehrung, mit ihren bis 60 Meter aufragenden Wanderdünen einst die »ostpreußische Sahara« genannt, ist ein erdgeschichtlich junges und kurzlebiges Naturwunder von Weltrang. Fast 100 Kilometer führt die dünne Sichel aus Sand vom Ostseebad Cranz bis Memel. Die Poststraße von Berlin über Königsberg nach Petersburg führte über diesen schmalen, zerbechlichen Saum. Die berühmte Vogelwarte, die Johannes Thienemann 1896 in Rossitten gründete, besteht noch. Kurz vor Rossitten rechts ein verwunschener großer

Der Große Friedrichsgraben, hier bei Golowkino (Nemonien/Elchwerder), ist die vielleicht malerischste Wasserstraße in Ostpreußens Norden. Der knapp 20 Kilometer lange, 1697 fertig gestellte Kanal verbindet die Deime mit den Kanälen der Elchniederung am Ostsaum des Kurischen Haffs. Er wurde gebaut, um über die Deime das Niederungsgebiet besser an den Pregel und damit Königsberg anschließen zu können. Denn die Fahrten über das Kurische Haff waren und sind wegen dessen geringer Wassertiefe und des damit verbundenen hohen Wellengangs sehr gefährlich.

Teich. Es ist das Möwenbruch, der einzige Binnensee auf der Nehrung. Pillkoppen (Morskoje) ist das weltfernste und gleichsam verlorenste der Nehrungsdörfer. Weit schweift der Blick über das stille Dorf und das glänzende Haff. Noch vor zehn Jahren lag es direkt am Ufer – jetzt hat sich eine kleine neugebildete Nehrung davor gelegt und es vom Haff abgeschnitten. Man fühlt sich wie im Traum. Die Wanderdünen sind durch Abholzen des Nehrungswaldes während der Ordenszeit entstanden. Die schönsten von ihnen liegen im Grenzgebiet, denn etwa in der Nehrungsmitte beginnt das litauische Staatsgebiet auf dem Territorium des früheren Ostpreußen.

Touristische Zentren der Nehrung

Das Memelland ist erreicht. Der Dürftigkeit der Kaliningradskaja Oblast antwortet hinter der Grenze in Nidden (Nida) ein entwickeltes Feriengebiet mit luxuriösen Hotels. Nida mit der Hohen Düne und Schwarzort (Juodkrante) mit seinem prachtvollen Hochwald sind die touristischen Zentren der Nehrung. Viele Dünen sind grasbewachsen und teils bewaldet – dennoch ist die Vision aus Haff, Ostsee und Strand auch hier atemberaubend. Memel, 1252 gegründet, ist mit die älteste Stadt des Ordenslands. Die Altstadt war nicht vollständig zerstört und in großen Teilen wieder aufgebaut oder noch vorhanden. Das heutige Klaipėda ist Litauens Tor zur Welt.
Doch weltvergessen der Rest des Memellands: durch die Mingeniederung zur Windenburger Spitze an der Ostseite des Haffs. Jenseits glitzert dunkelgelb Niddens Hohe Düne. Überall die typisch memelländischen Einzelgehöfte mit Dächern, geschmückt mit Holzkreuz und Pferdekopf. Weiter östlich zwingt der Wilkischker Höhenzug die Memel zu einer markanten Schleife. Hier erhebt sich der Rombinus, der sagenumwobene heilige Berg der Litauer. »Smalininkai« – Schmalleningken – verheißt ein Ortsschild. Vor 1919 war es die nordöstlichste Siedlung des Deutschen Reiches.

Aber das alte Memelland ist heute in allen Teilen wieder erlebbar. »Die Märchenwelt aus Moos und Schilf der masurischen Seen, die leuchtend grünen Zauberwälder voller Geborgenheit – Ostpreußen war ein einziges großes Gotteshaus« ruft Hans Hellmut Kirst in seinem Ostpreußenbuch emphatisch aus. »In Ostpreußen lag das Paradies«, hatte ein Königsberger Professor im 18. Jahrhundert nach eifrigem Bibelstudium herausgefunden. Doch in Ostpreußen liegt das Paradies vielleicht jetzt noch. Denn in seiner sanften, schwermütigen, doch niemals traurigen Schönheit, in seinen lichtglühenden Buchenwäldern, in den dunkelleuchtenden Augen seiner Seen, in den samtenen Weiden, in seinen weiten Birkenhainen, in denen schon bisweilen die Weite der russischen Ebenen aufzuklingen scheint, wird es heute und über alle Zeiten hin jene, die mit der Seele zu schauen vermögen, unwiderruflich in seinen Bann ziehen.

Seite 22/23:
Der Dom zu Frauenburg am Frischen Haff, auf einem steilen 30 Meter hohen Hügel über dem Haff aufragend, gilt als künstlerisch schönste ostpreußische Kirche.

Seite 24/25:
Zu allen Jahreszeiten ist der Nehrungswald, wie hier bei Juodkrantė (Schwarzort), von ganz eigentümlichem Zauber. Man bedauert es aber, dass hier größtenteils Kiefernmonokultur herrscht. Denn seit der Ordenszeit war der ursprüngliche Mischwald nach und nach abgeholzt worden.

Seite 28/29:
Die Nogatseite der Marienburg zeigt ihre klassische Ansicht. Links der Hochmeisterpalast, in der Mitte das Hochschloss mit dem Turm, davor das zweitürmige Brückentor, das in stilisierter Form seit einigen Jahren das Logo der Stadt Malbork ist.

Auch das Innere der Marienburg ist mit erlesener Schönheit ausgestaltet: Schlanke Säulen tragen das Gewölbe der Konventsstube.

Nur von einer einzigen Säule gestützt wird das Gewölbe des Winterremter, eines Speise- und Versammlungssaals in der Marienburg.

Einzigartige Innenarchitektur des Mittelalters findet man im Sommerremter der Marienburg, dessen Sterngewölbe von einem einzigen, fast zerbrechlich wirkenden Granitpfeiler getragen wird, und der als schönster Raum des Schlosses überhaupt gilt.

Die Wohn- und Essräume der Ritter im Inneren der Marienburg zeigen höfische Pracht: der zweischiffige Konventsremter im Hochmeisterpalast.

Seite 34/35:
Der gewaltige Danzker (gleichsam die »Ordens-Latrine«) der Burg von Marienwerder (Kwidzyń) erstreckt sich 60 Meter über einen Bogengang in die Weichselniederung. Zur Ordenszeit floss ein Weichselarm noch unter dem Danzker hindurch.

Der Kreuzgang der Burg von Marienwerder diente den Ordensrittern zur Kontemplation. Dom und Burg entstanden zwischen 1322 und 1360.

Die Burg von Marienwerder präsentiert sich als wehrhaftes Kastell. Sie wurde um einen quadratischen Innenhof angelegt und mit mächtigen Ecktürmen bewehrt.

Linke Seite:
Wie alle Architektur des Deutschen Ritterordens ist auch Marienwerder (Kwidzyń) ein Kleinod der Backsteinbaukunst und braucht den Vergleich mit der Marienburg nicht zu scheuen. Das Gewölbe des Speise- und Aufenthaltsraumes der Ritter wird auch hier von einer einzigen Säule getragen.

Die Ordensritter und ihre Burgen

Der Deutsche Ritterorden entstand zur Zeit der Kreuzzüge gegen Ende des 12. Jahrhunderts in Palästina ursprünglich zum Zweck der Pflege von kranken und verwundeten Kreuzfahrern sowie dem Schutz der Pilger vor Überfällen. Bald wurde dies mit dem Auftrag zur Missionierung ergänzt. Innerhalb von 30 Jahren gelangte der Orden auf diese Weise zu Ansehen wie auch zu materiellem Reichtum. 1225, als Hermann von Salza Hochmeister des Ordens war, erging an ihn der Ruf des polnischen Herzogs Konrad von Masowien ihm bei der Niederhaltung beziehungsweise Missionierung der heidnischen Pruzzen zu helfen. Dieser baltische Volksstamm, beheimatet etwa zwischen Weichsel und dem heutigen Lettland, galt den Polen als besondere Gefahr. Der Orden sollte für seine Tätigkeit das spätere Kulmerland (etwa zwischen Graudenz und Thorn gelegen) und weitere zu erobernde Gebiete als Lohn erhalten. Lange schon war die Gründung eines eigenen Staates ein Ziel des Ordens. So erschienen 1228 die ersten Ordensritter an der Weichsel. Unter dem Hochmeister Hermann Balk wurden nach 1230 in rascher Folge Thorn, Marienwerder und Elbing gegründet. Immer mehr Gebiete konnten militärisch gewonnen werden, wobei die Ländereien anschließend mit Bauern besiedelt wurden. Trotz zahlloser Aufstände der eingesessenen Pruzzen konnten die Ritter bis etwa 1300 diese vollständig niederwerfen. Das allerdings nicht durch direkte Vernichtung, sondern weit gehend durch kontinuierliches Verschmelzen mit den eingewanderten deutschen Siedlern aus dem Westen. Das führte zu der weltgeschichtlichen Einmaligkeit, dass die »Sieger« die Namen der Besiegten annahmen: Alle Einwohner hießen fortan »Preußen«, dieser Name übertrug sich später auch auf das Land.

Doch es wurden den Polen die neuen Nachbarn zu mächtig. Der neue Ordensstaat legte sich wie eine Sperre zwischen Polen und die Ostsee. Am 15. Juli 1410 kam es zur entscheidenden Schlacht bei Tannenberg. Der Orden wurde von einem vereinigten polnisch-litauischen Heer vernichtend geschlagen, der Hochmeister fiel, genau wie alle führenden Ritter.

Der Rest des Heeres zog sich in die Marienburg zurück und verteidigte sie unter dem Komtur Heinrich von Plauen heldenhaft. Eine Seuche zwang den Polenkönig Jagiello die Belagerung abzubrechen, was der Grund war, dass der Orden im Ersten Thorner Frieden von 1411 seine Territorien fast vollständig behalten konnte. Doch die Städte, die der Orden 150 Jahre vorher gründete, suchten aus handelspolitischen Gründen den Anschluss an Polen und bemühten sich, die einengende Ordensherrschaft abzuschütteln. Im 13jährigen Krieg (1453–66) standen Polen und Städte gemeinsam gegen den Orden. Als 1457 die Marienburg an Polen fiel, musste der Hochmeister seinen Sitz nach Königsberg verlagern. Der Zweite Thorner Frieden (1466) leitete das Ende des Ordensstaats ein. Herbe Gebietsverluste waren hinzunehmen. Das Ermland wie das spätere Westpreußen fielen unter polnische Hoheit.

Die Wehr- und Repräsentationsburgen, die der Orden der Nachwelt hinterließ, sind die markantesten Zeugen jener Zeit. Doch trotz schwerster Zerstörungen ist die größte und schönste, die Marienburg, dank der Kunst polnischer Restauratoren weit gehend wieder erstanden. Das größte Backsteinbauwerk der Welt steht unter dem Schutz der UNESCO. Als zweitgrößte galt die von Ragnit (Neman) am Memelufer östlich von Tilsit, doch diese wurde 1945 zur Ruine. Von ganz besonderer Schönheit sind Ordensburg und -dom in Marienwerder (Kwidzyn), ein zusammenhängender über 200 Meter langer Komplex mit jenem berühmten 60 Meter weit in die Nogatniederung reichenden Danzker, der »Ordenslatrine«.

Die Ordensburgen im heute polnischen Teil Ostpreußens sind größtenteils, soweit sie 1945 zerstört wurden, wieder hergestellt und dienen als Hotel, Museum oder Theater. Die Burgen im Königsberger Gebiet sind entweder abgetragen (Königsberg, Lochstädt), oder blieben als Ruine liegen und zerfallen (Balga, Taplacken, Insterburg, Labiau, Ragnit). Die in Tapiau dient als Gefängnis, in Preußisch Eylau hat man versucht, die Reste der Burg in ein Hotel umzubauen – das Vorhaben blieb aber wegen Geldmangels unvollendet.

Die einzigartige Architektur der Burgen des Deutschen Ritterordens zwischen Pommern und Estland kündet noch heute von der schier unglaublichen Leistung, in 150 Jahren eine dünnbesiedelte weite Wildnis kolonisiert, und ein modernes Staatsgebilde geformt zu haben, aus dem später das Königreich Preußen hervorgehen sollte.

Links:
Nur Reste blieben von der Burg Balga (Weselnoje) am Frischen Haff. Hier stand ursprünglich eine Pruzzenfeste, die der Deutsche Orden 1239 eroberte und später in Stein ausbauen ließ.

Oben:
Gewaltige Ziegelsteinarchitektur: Das Hochschloss der Marienburg, die die größte Burganlage Mitteleuropas zwischen dem Hradschin in Prag und dem Kreml in Moskau ist.

Bilder rechts, von oben nach unten: *Das Ordensschloss in Heilsberg (Lidzbark Warmiński) ist nach der Marienburg die zweitgrößte der erhaltenen Burgen.*

Die Ruine der Brandenburg (Uschakowo): Sie wurde 1266 vom Markgrafen von Brandenburg angelegt, der mit den Kreuzfahrern ins Prussenland gekommen war.

Ragnit (Neman) zählte einst mit der Marienburg zu den stärksten Ordensburgen. 1829 wurde sie durch einen Brand verwüstet.

Die Burg Labiau (Polessk) wurde nach der Eroberung des Samlandes 1258/1259 angelegt und schon 1277 von den Schalauern niedergebrannt.

KWIATY
KWIATY
FOTOGRAF
Carillon

Rechts:
Weithin ist über der Nogatniederung der Turm der Elbinger Nikolaikirche sichtbar. Die dreischiffige Hallenkirche, die auf das 14. Jahrhundert zurückgeht, brannte 1945 aus, ist aber zumindest äußerlich originalgetreu rekonstruiert.

Links:
Erst nach 1990 wurde mit dem Wiederaufbau der Elbinger Altstadt (Elbląg) begonnen. Eine geschickte Symbiose traditioneller und moderner architektonischer Elemente macht die Bauten besonders interessant.

Links:
In den erhaltenen und rekonstruierten Resten der Elbinger Ordensburg, bis 1309 die wichtigste im Ordensland, jedoch schon 1454 von der Elbinger Bürgerschaft im sogenannten 13-jährigen Krieg zerstört, ist heute das archäologische Museum der Stadt untergebracht.

Seite 42/43:
Die Bischofsburg von Frombork (Frauenburg) besitzt eine der schönsten Außenansichten im ganzen alten Ordensland. Unterhalb der Burg wurde 1973 für Nikolaus Kopernikus, der hier von 1521 bis zu seinem Tod 1543 als Kanzler des ermländischen Domkapitels lebte, anlässlich seines 500. Todestag ein überlebensgroßes Denkmal errichtet.

PEPSI
RESTAURACJA
AKCENT
PEPSI

Linke Seite oben:
Vom Frauenburger Wasserturm, der zur Versorgung der Bischofsburg diente, hat man einen weiten Blick über Stadt und Haff bis hin ins russische Ostpreußen. Bei guter Sicht lässt sich sogar Pillau erkennen. Die 1945 ausgebrannte turmlose Stadtpfarrkirche St. Nikolaus diente jahrelang als städtisches Heizwerk, doch soll sie wieder geweiht werden.

Die Madonnenfigur im Frauenburger Dom soll die schönste im Ermland sein. Sie stammt von dem Aufsatz des alten Hochaltars, der 1504 von Bischof Lukas Watzenrode gestiftet wurde.

Linke Seite unten:
Keck überragen die schlanken Ecktürmchen des Frauenburger Doms das Kirchenschiff. Vom Burggraben aus vermag man die Wucht dieser mittelalterlichen geistlichen Wehranlage in ihrer Fülle nicht zu erfassen.

Glücklicherweise ließ der Zweite Weltkrieg das Innere der Frauenburger Domkirche unberührt. Neben dem Seitenaltar wurden im Sommer 2005 unter dem Kirchenboden unter anderem der Schädel eines etwa 70 Jahre alten Mannes gefunden, der aufgrund anthropologischer Untersuchungen als der des Nikolaus Kopernikus identifiziert werden konnte. Sein seit über 450 Jahren verschollenes Grab ist damit endlich entdeckt. Ein neues Denkmal, das das Planetensystem zeigt, ist oberhalb der Grabstelle errichtet, die auch durch einen Glasbaustein im Boden sichtbar gemacht ist.

BAZYLIKA MNIEJSZA
p.w.Św. Katarzyny

Linke Seite:
Wie der Phönix aus der Asche erhob sich die Braunsberger (Braniewo) Katharinenkirche, eine der größten ermländischen Kirchen. Sie war 1945 bis auf die Grundmauern niedergebrannt und auch vom Turm war nichts mehr vorhanden, nachdem er als Landmarke von deutschen Einheiten gesprengt wurde. Originalgetreu baute man sie in den 1980er-Jahren wieder auf.

Links:
Nur wenig alte Bausubstanz ist von der alten Hansestadt Braunsberg (Braniewo) geblieben. Zu groß waren die Kämpfe des Jahres 1945. Einige geringe Reste der Stadtmauer wurden rekonstruiert, ein völlig zerstörter Wehrturm wiedererrichtet.

Ganz links:
Besonders verlassen wirken die Landschaften nahe der Grenze zum Kaliningrader Gebiet, der am stärksten befestigten Grenze in Mitteleuropa. Fast alle Straßen und Wege sind unterbrochen und enden im Nichts.

Links:
Vor der Braunsberger Katharinenkirche steht seit kurzem ein Denkmal für Regina Protmann (1552–1613). Die in Braunsberg geborene, wohlhabende Kaufmannstochter verließ mit 18 Jahren ihre Familie, um sich ganz dem religiösen Leben in Demut und Armut zu weihen. Sie gründete 1571 einen Orden, später die „Katharinenschwestern“ genannt, der sich der Krankenpflege und dem Schulunterricht armer Kinder widmete.

Rechts:
Die Peter-und-Pauls-Kirche in Heilsberg (Lidzbark Warmiński) wurde 1400 vollendet. Ihren Turm krönt eine Figur des heiligen Michael.

Unten:
Die Ordensburg Heilsberg, von Südosten gesehen, mit den um 1600 angelegten bischöflichen Repräsentationsgebäuden am Ufer der Alle. Hier residierte unter anderem der Bischof Lukas Watzenrode, der Onkel des Nikolaus Kopernikus.

Oben:
Die barocke Wallfahrtskirche Krossen (Krosno) bei Wormditt stammt aus dem Jahr 1715. Vom Baumeister Reimers wurde sie nach dem Muster von Heiligelinde erbaut.

Links:
Die barocke Wallfahrtskirche Glottau (Głotowo) bei Allenstein (Olsztyn) wurde nach 1722 auf den Fundamenten einer pruzzischen Fluchtburg errichtet.

Oben:
Das Ordensschloss von Rössel (Reszel) aus dem Jahre 1355 mit der ehemaligen evangelischen Kirche ist eine der schönsten Burgen ganz Ostpreußens.

Rechts:
Mit Bändern und Fahnen festlich geschmückt ist das Innere der St. Annen-Kirche von Wartenburg (Barczewo) bei Allenstein.

Links:
Die »Kirchenburg« von Liebemühl (Miłomłyn) im Kreis Osterode. Die Pfarrkirche ist Teil der Stadtbefestigung, wobei der Glockenturm sich abseits befindet und mit der Kirche durch einen Kreuzgang verbunden ist.

Unten:
Den größten Sakralbau des Ermlandes findet man in Guttstadt (Dobre Miasto). Die Pfarr- und Kollegiatskirche, der »halbe Dom«, wurde 1373 bis 1396 errichtet.

Der Thronsaal im Königsberger Schloss. Anlässlich der Krönung Friedrichs I. zum König in Preußen 1701 wurde das alte Ordensschloss des Herzogs Albrecht zu einer prächtigen barocken Residenz erweitert.

Links:
Das Königsberger Schloss von Süden etwa um 1920. Die zahlreichen Umbauten durch die Jahrhunderte spiegeln sich in wechselnden Baustilen wider.

König Friedrich Wilhelm I., der Vater Friedrichs des Großen (reg. 1713–40). Nach der Entvölkerung Ostpreußens durch die Pest der Jahre 1710–12, leitete er ein großes Neubesiedlungsprogramm ein und gab in Ostpreußen unter anderem protestantischen Glaubensflüchtlingen aus allen Teilen Europas eine neue Heimat.

Friedrich II. genannt »der Große« (reg. 1740–86). Der bedeutendste der preußischen Könige hatte zu seiner östlichen Provinz immer ein zweischneidiges Verhältnis. Doch erfolgte während seiner Regierungszeit die (Wieder-)Vereinigung Westpreußens mit (Ost-)Preußen.

Ganz links:
Friedrich Wilhelm II. (reg. 1786–97), Neffe und Nachfolger Friedrichs des Großen auf dem preußischen Thron.

Unten:
Das kleine Schlösschen Schmolainen (Smolajny) bei Allenstein, erbaut 1765, war die Sommerresidenz der ermländischen Bischöfe.

Rechts oben:
Das Brunokreuz am Löwentinsee bei Lötzen (Giżycko). Einer der ersten Missionare im späteren Masuren, Brun von Querfurt, wurde hier 1009 ermordet.

Rechts Mitte:
In Rastenburg (Kętrzyn) steht die älteste, 1329 errichtete Ordensburg des südlichen Ostpreußen. Mehrmals umgebaut, beherbergt sie heute ein Heimatmuseum.

Rechts unten:
Elf Meter Umfang hat die angeblich tausendjährige Eiche von Cadinen (Kadyny) am Frischen Haff. Sie soll von der legendären Fürstin Cadin gepflanzt worden sein.

Linke Seite oben:
Das Schloss von Allenstein (Olsztyn) entstand in der ersten Hälfte des 14. Jahrhunderts. Um 1522 residierte hier Kopernikus als Landpropst.

Linke Seite unten:
In den jahrhundertealten Räumen des Allensteiner Schlosses ist das Museum für das Ermland und Masuren untergebracht. Ein eigener Saal ist Nikolaus Kopernikus gewidmet.

Seite 62/63:
Vom Turm der Burg geht der Blick weit über Allensteins (Olsztyn) Innenstadt. Mitte rechts sieht man die Jacobikirche aus den Jahren um 1420, neben dem Frauenburger Dom die ermländische Bischofskirche; davor Bürgerhäuser am Markt, links die neugotische evangelische Kirche von 1877. Trotz des Brands im Sommer 1945 konnte Allenstein sein geschlossenes Stadtbild bewahren.

Ganz links:
Das Kopernikusrelief im Allensteiner Schloss. Nikolaus Kopernikus wurde 1516 von seinem Onkel, dem Fürstbischof von Ermland, als Burgverwalter eingesetzt.

Links:
Die »Babe« im Hof des Allensteiner Schlosses ist eine der ganz wenigen erhaltenen Skulpturen aus der Pruzzenzeit. Ihre Bedeutung ist bis heute nicht geklärt. Sie stellt wahrscheinlich einen jungen Mann dar, der vielleicht einen pruzzischen Gott symbolisieren könnte.

Links:
Im Innern der gotischen Allensteiner Jakobikirche. Sie gilt als eine der bedeutendsten Backsteinkirchen des Ostens.

Oben:
Durch ein ausgeklügeltes System von Schleusen und Zugvorrichtungen werden auf dem Oberländischen Kanal zwischen Elbing und Osterode Schiffe auf Wagen verladen und über Land gezogen.

Rechts:
Der Oberländische Kanal gilt als technisches Meisterwerk. Die Schiffe müssen einen Höhenunterschied von 104 Metern ausgleichen, weshalb sie auf Schienenwagen zum nächsten Flussabschnitt gezogen werden.

Oben:
Nach der Idee des Ingenieurs Georg Jakob Steenke fahren die Schiffe unter der Ausnutzung von Wasserkraft die so genannten »geneigten Ebenen« hinauf.

Links:
Schleuse bei Osterode (Ostróda). Der Oberländische Kanal verbindet über 82 Kilometer Elbing und Osterode, wobei er auch durch mehrere masurische Seen führt.

Nur 15 Zentimeter tief ist der Krutinna-Fluss (Krutynia) südlich von Sensburg (Mragowo). Auf Stakbooten bewegt man sich hier durch die masurische Einsamkeit.

Trotz der Schönheit der Landschaft am Krutinna-Fluss ist es einer der stillsten Winkel des Landes geblieben.

Ruhig gleiten die Stakboote auf dem Krutinna-Fluss bei Eckertsdorf (Wojnowo) zwischen den grünen Ufern dahin.

Links:
In der Südostecke Masurens liegt Lyck (Ełk) am gleichnamigen See. Lyck ist weitaus weniger besucht als die westlicher gelegenen masurischen Städte. Vielleicht ist seine Umgebung daher gleichsam so verzaubert geblieben.

Oben:
Überall um den Lycksee trifft der Wanderer auf traumhafte, verwunschene Winkel.

Oben:
Der Eingang zum 1839 errichteten Nonnenkloster von Eckertsdorf (Wojnowo). Hier siedelten sich um 1830 die aus Russland stammenden orthodoxen »Altgläubigen« oder Philipponen an. Es war das einzige russische Kloster auf deutschem Boden.

Rechts:
Der Mauersee (Jezioro Mamry), hier bei Angerburg (Węgorzewo), liegt im nördlichen Teil Masurens und schiebt mehrere Arme weit in die Landschaft.

Oben:
Die Landschaft Masurens atmet unsagbar friedliche Stille. Nach der Eroberung durch den Deutschen Orden blieb die Landschaft lange Zeit unbesiedelte Wildnis. Erst im 15. Jahrhundert begann man sie landwirtschaftlich zu nutzen.

Links:
Die russisch-orthodoxe Kirche der Philipponen in Eckertsdorf wurde 1922 erbaut. Eckertsdorf ist eines von elf um das Jahr 1830 gegründeten Philipponen-Dörfern in Masuren.

Rechts:
Gleichsam die westliche Pforte zum Masurischen Seengebiet ist Deutsch Eylau (Iława). Mag dieser Ort auch nicht zum Ermland oder zu Masuren im historischen Sinn gehören – ist es heute jedenfalls Teil der Woiwodschaft Ermland und Masuren. Es liegt am früheren Geserichsee (polnisch Jeziorak), dem mit 27 Kilometer längsten polnischen See überhaupt. Allerdings ist er meist nur etwa anderthalb Kilometer breit.

Unten:
Die Lage am lang gestreckten Geserichsee (Jeziorak) macht Deutsch Eylau (Iława) zu einem attraktiven Ort für Wassersportler, abseits des internationalen Tourismus um die großen Seen weiter im Osten.

Oben:
Neu Proberg (Nowy Probark) nahe Sensburg ist wie die meisten masurischen Dörfer still und verträumt – obwohl es nur wenige hundert Meter abseits der stark befahrenen „Masurenmagistrale“, der Fernstraße 16 liegt.

Links:
Am Neu Proberger See (Jezioro Probarskie), einem der kleinen und unbekannten masurischen Seen, kann die Idylle bisweilen durch vorbeidonnernde Motorboote beeinträchtigt sein.

Im äußersten Osten Ostpreußens liegt das traditionelle Jagdgebiet der Rominter Heide, durch die heute die polnisch-sowjetische Grenze verläuft. Nur ein kleiner Teil des undurchdringlichen Waldgebiets befindet sich auf polnischem Territorium.

Rechts:
Hier könnte man Elchen begegnen: Seenzauber in der Wildnis der Rominter Heide zwischen Goldap und Szittkehmen (Szitkejmy).

m

Rechts:
Auch das gehört zu Masuren: die Reste von Hitlers Führerhauptquartier »Wolfsschanze« bei Rastenburg (Kętrzyn). Auf Hitlers Befehl wurde die gesamte Festungsstadt gesprengt, so dass heute eine Ruinenlandschaft den Besucher erwartet.

Russisch Ostpreußen – zwischen Aufbruch und Verfall

In Königsberg (Kaliningrad) zwischen der Dominsel und der in ihren alten Farben wiederhergestellten Börse (zur Zeit jedoch ohne Nutzung) zieht sich der Blick zum in den letzten Jahren fertig gestellten »Fischdorf« hin, einem äußerlich nicht unattraktiven, historisch jedoch völlig fehl am Platz befindlichen Ensemble aus Hotel, Touristeninformation, Binnenleuchtturm und Café.

Während das polnische Ostpreußen inzwischen zu einem »normalen« Reiseziel nicht nur deutscher Besucher avancieren konnte, ist das Kaliningrader Gebiet noch weit davon entfernt. Außer alten Ostpreußen, die ihre frühere Heimat wiedersehen wollen, fährt kaum jemand als Tourist in das Königsberger Gebiet. Das liegt einesteils in der umständlichen und oft langwierigen Grenzpassage, aber auch in der weit gehend nicht vorhandenen Infrastruktur, dem desolaten Zustand weiter Teile des Gebiets sowie ganz zu schweigen von den meist fehlenden russischen Sprachkenntnissen. Andererseits kennt man Ostpreußen nicht, wenn man nicht seine frühere Provinzhauptstadt besucht hat und in einer Fahrt auf der Kurischen Nehrung gleichsam das Gipfelerlebnis europäischer Küstenlandschaften erfahren durfte. Aber es gibt noch viel mehr zu entdecken: die weiten Sümpfe des Großen Moosbruchs, die Elchwälder der Memelniederung, die undurchdringlichen Wälder der Rominter Heide oder den am Rand der Welt still liegenden Wystiter See genauso wie das einzigartig schöne Angerapptal südlich von Gumbinnen.
Russisch Ostpreußen bietet darüber hinaus denen, die bewusst reisen, einen Einblick in die, den meisten von uns bisher unbekannt gebliebene, sowjetische beziehungsweise russische Gesellschaft. Es wird bestimmt noch lange dauern, bis man die »Kaliningradskaja Oblast« als Reiseland unter Reiseländern sieht – ein faszinierendes Gebilde wird Nord-Ostpreußen aber auf Jahre hinaus bleiben. Die ungewisse politische Zukunft der Region zwischen russischer Exklave und vielleicht viertem baltischen Staat lässt in Mitteleuropa einen seltsamen Spannungsherd entstehen, dem nur zu wünschen ist, dass seine wirtschaftliche und politische Situation nicht eskaliert.

grad größte Wertschätzung. Eine zweisprachige Tafel an der Südwestecke der alten Schlossmauer ist die Nachbildung einer ähnlichen Plakette, die sich schon vor dem Kriege an dieser Stelle befunden hat, und erinnert an Kants berühmten »Kategorischen Imperativ«.

Der Dom zu Königsberg (Kaliningrad) wurde als dreischiffige Basilika zunächst 1351 vollendet, 1380 jedoch in eine Hallenkirche umgewandelt. Von den beiden geplanten Westtürmen wurde nur einer im 16. Jahr-

Links:
Trotz schwerer Kriegszerstörungen wurde die alte Börse in den 1950er-Jahren nicht abgerissen, sondern diente als Kulturhaus der Seeleute und nach 1991 sogar als Spielcasino. Sie war 1875 im italienischen Renaissancestil erbaut und wegen des sumpfigen Untergrunds auf 2200 Pfählen errichtet worden. Bis 2008 war sie in leuchtendem Hellblau gehalten, danach erhielt sie ihren ursprünglichen graubraunen Farbton zurück.

Links unten:
Vor dem Dramentheater, dem vormaligen Neuen Schauspielhaus, steht in einer sehr gepflegten kleinen Grünanlage seit 1936 ein Denkmal Friedrich Schillers. Stanislaus Cauer (1867–1943), der lange Jahre als Professor für Bildhauerei an der Königsberger Kunstakademie wirkte, schuf es 1910.

Unten:
Antikisierender Vorbau mit sechs korinthischen Säulen: Das frühere Schauspielhaus auf den Hufen von 1927 in Königsberg wurde nach dem Krieg im Stil des sowjetischen Klassizismus stark umgebaut.

Denker und Dichter aus Ostpreussen

Er ist gewiss der berühmteste aller Ostpreußen: Immanuel Kant (1724–1804), Professor für Logik und Metaphysik an der Königsberger Albertina, der 1544 von Herzog Albrecht gegründeten Universität. Zwar verließ er seine Geburtsstadt und deren nähere Umgebung zeit seines Lebens nie, doch seine zwingenden Gedankengänge, in denen er die neuere Philosophie begründete, machten ihn gleichsam zum Weltbürger. Bereits zu Lebzeiten war er in Königsberg eine populäre Persönlichkeit, doch gleichzeitig ein biederer Bürger mit einem ausgeprägten Hang zur Pünktlichkeit, so dass man nach seinen Spaziergängen die Uhr stellen konnte. Es ist nicht möglich, Kants Lehre in wenigen Zeilen zusammenzufassen, doch lassen sich zwei zentrale Thesen herausstellen: Zum einen, dass die menschliche Erkenntnis begrenzt bleiben muss. Man kann niemals ein »Ding an sich«, sondern nur seine Erscheinung, seine Wirkungen erfassen. Zum andern jener berühmte »kategorische Imperativ«, der fordert, dass jeder so handeln solle, dass sein Handeln als Maßstab für das Handeln aller gelten könne. Das Kant-Grabmal an der Nordostecke des Königsberger Doms überdauerte auch die Zerstörungen in der Sowjetära. Es rettete sogar die Domruine vor dem endgültigen Abriss. Denn in Kants Rationalismus sah man in der Sowjetunion einen Vorläufer der marxistisch-leninistischen Ideologie.

Kants Gegenpol in der Philosophie war der auch aus Königsberg stammende Johann Georg Hamann (1730–1788), aufgrund der mystisch-dunklen Sprache in seinen Schriften oft als »Magus des Nordens« bezeichnet. Anders als Kant stellt er das Gefühl über Wissenschaft und Vernunft. In der Natur sieht er die »Nährerin von Sprache und Kunst« und in der Poesie die »Muttersprache des Menschengeschlechts«.

Johann Gottfried Herder (1744–1803) aus Mohrungen im Oberland war Schüler Kants, studierte Theologie und geriet als Geistlicher und Hauslehrer in Riga in Bekanntschaft mit den slawischen und baltischen Völkern, deren Liedern und deren Literatur. Er war von Hamanns Lehre beeinflusst und interpretierte den Charakter eines Volkes und seine Kultur als im wesentlichen durch Natur und Klima des jeweiligen Landes geprägt.

Weniger Denker als vielmehr Multitalent ist der Königsberger Ernst Theodor Amadeus Hoffmann (1776–1822). Er ging in die Geschichte nicht nur als Dichter, sondern auch als Komponist und Maler ein. Ursprünglich Jurist und preußischer Beamter machte er sich in Posen als Zeichner von Karikaturen seiner Vorgesetzten unbeliebt. Die napoleonischen Wirren ließen ihn den Dienst quittieren und er wurde 1808 Theaterkapellmeister in Bamberg. »Der goldene Topf«, »Die Elixiere des Teufels«, der Novellenkomplex »Die Serapionsbrüder«, die »Lebensansichten des Katers Murr« und die (damals sehr erfolgreiche) Oper »Undine« sind seine bedeutendsten Werke.

Der Dramatiker und Novellist Hermann Sudermann (1857–1928) aus Matzicken bei Heydekrug im Memelland wurde um 1900 als »Balzac des Ostens« bejubelt. Als Schilderer des ostpreußischen Bauernlebens im Roman »Frau Sorge« wie auch in seinem Prosa-Hauptwerk, den »Litauischen Geschichten« (mit der berühmten »Reise nach Tilsit«), erhebt er das Land an der Memel und seine Bewohner in die Weltliteratur.

Doch es gäbe noch viel mehr von großen ostpreußischen Literaten zu erzählen: Johann Christoph Gottsched (1700–1766) bewirkte, dass sich das Hochdeutsche als Literatursprache durchsetzte. Max von Schenkendorf (1783–1817) aus Tilsit, der »Sänger der Befreiungskriege«, gab mit den Anstoß, die verfallene Marienburg wieder aufzubauen, der Rastenburger Arno Holz (1863–1929) erneuerte die deutsche Lyrik durch Annäherung an die Alltagssprache, Ernst Wiechert (1887–1950), der leidenschaftliche Prediger des »einfachen Lebens« aus Kleinort bei Sensburg, der in seinem umfangreichen Werk den Menschen in schwieriger Zeit Trost und Zuversicht spenden wollte und nicht zuletzt die »Mutter Ostpreußens«, Agnes Miegel (1879–1964), die bedeutendste deutsche Balladendichterin, die das persönliche Erlebnis des Untergangs ihrer Heimatstadt Königsbergs und ganz Ostpreußens in mehrere der ergreifendsten Gedichte deutscher Sprache fasste.

Links:
Eine Gedenktafel für Königsbergs größten Sohn erinnert in der Nähe des Standorts des früheren Schlosses an Kant und seinen »Kategorischen Imperativ«.

Oben:
Kant-Denkmal vor der neuen Universität in Königsberg: Marion Gräfin Dönhoff stiftete 1991 einen Abguss des Originals, das in den Nachkriegswirren verschwunden war.

Bilder rechts, von oben nach unten: *Julius Rupp (1809–1884) war der Großvater von Käthe Kollwitz und Prediger am Königsberger Dom. An ihn erinnert ein Stein im Bereich des alten Domfriedhofs.*

Johann Gottfried Herder (1744–1803) aus Mohrungen. Er brachte das Bewusstsein um die östlichen Nachbarvölker als erster in das deutsche Denken des 18. Jahrhunderts.

Johann Georg Hamann (1730–1788). Er war gleichsam Kants philosophischer Antipode. Für ihn war alle Schöpfung gleichzusetzen mit Gottes Wort. Die Sprache war für ihn göttlichen Ursprungs. Kants Rationalität setzte er tiefe Gläubigkeit entgegen.

Agnes Miegel, die bedeutendste deutsche Balladendichterin, war auch nach der Vertreibung glühend der verlorenen Heimat verbunden. Sie starb 1964 hoch geehrt als »Mutter Ostpreußens«.

Erfrischung nach der Stadtbesichtigung Königsbergs: ein Biergarten am Ufer des Schlossteiches am früheren Münzplatz.

Die ehemalige Stadthalle von 1912 wurde auf den alten Fundamenten am Vorderrossgarten wiederaufgebaut, heute ist hier das Museum zur Stadtgeschichte untergebracht.

Die neoromanische Königin-Luise-Gedächtniskirche von 1901 in der Luisenwahl, einem alten Park, beherbergt heute ein Puppentheater.

Einst wie jetzt ist die Schlossteichbrücke ein beliebter Begegnungsort. Die alte hölzerne Brücke wurde in der Nacht vom 29. zum 30. August 1944 zerstört.

Gösser

Links:
Ein altes Brückenzoll-häuschen befindet sich noch an der Hohen Brücke, eine der drei erhaltenen (dazu Honig- und Holzbrücke) von ursprünglich sieben Brücken Königsbergs.

Die Kirche von Juditten am westlichen Stadtrand Königsbergs, erbaut 1288, ist die älteste Kirche des Samlands.

Weiß-rote Backstein-architektur zeigt das frühere Tiepoltsche Waisenhaus am Busolt-platz in Königsberg.

Links:
Vier der alten Stadttore des Befestigungsrings aus dem 19. Jahrhundert sind erhalten und dienen unterschiedlichen Zwecken wie hier das Rossgärter Tor als Restaurant mit Biergarten.

Radisson

Links:
Der Siegesplatz ist heute gleichsam die gute Stube Kaliningrads. Mit der dominierenden Erlöserkathedrale und der Siegessäule zur Erinnerung an den Großen Vaterländischen Krieg (beide 2006 fertig gestellt) ist er sicherlich die schönste Platzanlage der Stadt. An warmen Sommerabenden flanieren hier unzählige Bewohner der Stadt. Beliebt ist die Siegessäule als Treffpunkt der Jugend.

Oben:
Mit Platz für mehr als 2000 Gläubige ist die Erlöserkathedrale die zweitgrößte Kirche Russlands und lehnt sich architektonisch auch an die gleichnamige Moskauer Kathedrale an. Mit 73 Metern Höhe ist sie Kaliningrads höchstes Bauwerk. Die Unterkirche dient als Gedächtniskirche für alle seit dem Siebenjährigen Krieg in Ostpreußen gefallenen russischen Soldaten. Bis 2004 stand hier ein Lenin-Denkmal, das nun zum Haus der Kunst in der Nähe des Südbahnhofs verbannt ist.

Rechts:
Anlässlich der 750-Jahrfeier der Stadt errichtete man in der Brache entlang der Oktjabrskaja (Lindenstraße) südlich der Dominsel das sogenannte Fischdorf. Mit stilisierten Speicherhäusern und einem Leuchtturm, mit Geschäften und Restaurants sowie mit Hotels wurde versucht, etwas altertümliches, altstädtisches Flair in dieses Viertel hineinzubringen. Jedoch bestand zu keiner Zeit im alten Königsberg ein solches Ensemble. Aber zumindest wurde dadurch die Straße städtebaulich verschönert.

Unten:
Dem Fischdorf gegenüber, am Südufer des Pregels, stört ein viel zu hoch konzipierter Neubau, in dem Eigentumswohnungen erworben werden können, das idyllische Flusspanorama.

Oben:
Das Einkaufszentrum Europa am Siegesplatz ist mit seinen guten Restaurants und dem vielfältigen Ladenangebot sehr belebt. Hier eröffnete 2010 das erste McDonald's Restaurant im Kaliningrader Gebiet.

Links:
Der Dohnaturm in der Südostecke des Oberteichs wurde um 1850 errichtet und war Teil der damals entstandenen Befestigungsanlage. Heute befindet sich in ihm ein sehr schönes Restaurant.

Nur der Leuchtturm überstand im Zentrum Pillaus (Baltijsk) die vollständige Zerstörung der Stadt im April 1945. Wo sich jetzt ein Monument Zar Peters des Großen befindet, stand bis 1945 der Große Kurfürst. Dessen Denkmal konnte in den Westen gerettet werden und steht heute in Eckernförde.

Links:
Entlang der Pillauer Nordermole zieht sich der Blick durch das sogenannte Pillauer Tief hinein ins Frische Haff. Ganz im Hintergrund erblickt man die Steilküste bei Balga, rechts erkennt man die Häuser von Neutief auf der Frischen Nehrung. Monströse Betonelemente schützen die Mole vor den zerstörerischen Wirkungen der Ostsee.

Ganz links:
Eine Szene am Pillauer Tief. Wahrscheinlich wartet diese ältere Frau darauf, dass ihr Mann endlich mit dem Angeln aufhört und mit ihr nach Hause kommt. Angeln ist eine besondere Leidenschaft fast aller russischen Männer.

Links:
Die Pillauer Nordermole ziert an ihrem Ende seit 2003 ein gewaltiges Denkmal der Zarin Elisabeth (1709–1762). Während ihrer Regierungszeit war im Siebenjährigen Krieg Ostpreußen russisch besetzt, auch soll sie den wichtigen Hafen Pillau mehrmals besucht haben.

Ostpreussen – die Heimat des Bernsteins

Der weiche, meist honiggelbe und schimmernde Bernstein ist seit der frühesten Menschheitsgeschichte ein begehrter Schmuckstein. Obwohl er auch an anderen Orten der Welt gefunden wird, sind seine ostpreußischen Vorkommen mit (bereits vor 1945) 98 Prozent der Weltfördermenge die bedeutendsten.

Bernstein, althochdeutsch Börnstein, bedeutet »Brennstein«, da er beim Anzünden mit bläulicher Flamme verbrennt. Wissenschaftlich gesehen ist Bernstein eine pflanzliche Harz- und Wachsbildung, die durch ihre schwere Zersetzbarkeit beim Vergehen der Pflanzen zurückgeblieben ist. Die organische Substanz Bernstein besteht zu knapp drei Vierteln aus Kohlenstoff, der Rest sind Wasserstoff und Sauerstoff. Er lädt sich beim Reiben mit einem Tuch elektrisch auf und zieht kleine Papierschnipsel an. Dies veranlasste die Menschen in der Antike zu glauben, dass der Bernstein eine Seele habe. Die Griechen nannten ihn »Elektron« (Glanzstein). Unser heutiges Wort Elektrizität rührt so von den physikalischen Eigenschaften des Bernsteins her.

Das Bernsteinharz stammt von heute ausgestorbenen Nadelhölzern (Bernsteinkiefer, Zederarten, Kauri-Fichte) aus der Tertiärzeit etwa vor 15 bis 35 Millionen Jahren. Das Harz trat innerhalb der Baumrinde auf, es bildete sich bei Verletzungen und Vernarbungen der Stämme und fand sich zwischen einzelnen Jahresringen. Nach dem Absterben der Bäume häufte sich das Harz primär im Boden an, wobei diese ursprünglichen Ablagerungen später durch Ansteigen des Meeresspiegels wie auch durch lokale Sturmfluten beziehungsweise durch die Gletscher- und Gletscherwasserwirkung während der Eiszeiten mehrmals umgelagert wurden. Die berühmte bernsteinführende »Blaue Erde« des Samlands ist ein durch das Mineral Glaukonit blaugrün gefärbtes tonig-sandiges Flusssediment. Bernstein findet sich hier in unterschiedlich großen und unterschiedlich geformten Knollen. Ein 1860 gefundenes Stück mit dem Gewicht von 10 kg gilt als das größte aus dem Ostseeraum stammende. Es wird heute im Berliner Naturkundemuseum aufbewahrt. Besonders begehrt sind Bernsteinstücke, in denen Pflanzenreste oder Insekten (Inklusen) eingeschlossen sind. Die Tiere wurden durch den aromatischen Harzduft angelockt, setzten sich auf der klebrigen Masse nieder, konnten aber dann nicht mehr entfliehen und starben.

Die Gewinnung des Bernsteins am Ostseestrand erfolgte seit alters her entweder durch einfaches Auflesen, beziehungsweise durch das Schöpfen, bei dem Netze an Stangen befestigt wurden und der Bernstein zusammen mit Tang, in dem sich die einzelnen Stücke oft verhedderten, aus dem Wasser gezogen wurde. Besonders reiche Ausbeute lieferte das Jahr 1862, als nach einem heftigen Sturm an der sieben Kilometer langen Steilküste des westlichen Samlands, der »Bernsteinküste«, 2000 Kilogramm

Links: *Nachgebaute Teile des berühmten Bernsteinzimmers kann man im Königsberger Bernsteinmuseum im Dohna-Turm bewundern.*

Oben: *Bernsteinfischen in alter Zeit an der Bernsteinküste, wie man das Westgestade des Samlands nördlich und südlich von Palmnicken nennt.*

Bernstein nur aufgelesen werden brauchten. Das Unwetter hatte sie aus tieferen Lagen des Meeresgrunds emporgewühlt.
Bernstein ist seit über 4000 Jahren in der Kulturgeschichte der Menschheit in Artefakten und auch im Volksbrauchtum und der Volksmedizin präsent. Besonders in Mittel- und Südeuropa hatte es neben dem Schmuckwert eine besondere Bedeutung als Tauschmaterial beispielsweise gegen Salz aus dem Alpenraum. Bernstein erscheint als Grabbeigabe in der Hallstatt-Kultur (um 1500–500 v.Chr.), wie auch in etruskischen Gräbern, in solchen der römischen Kaiserzeit und ist selbst bei Arabern und Phöniziern als Totengabe nicht selten gewesen. Der ägyptische Pharao Tut-ench-amun besaß nachweislich mehrere Bernsteinamulette, die ihn vor bösen Einflüssen schützen sollten.

Rechts oben: *Bernsteingewinnung um 1920 im Tagebau bei Kraxtepellen nördlich von Palmnicken. Bagger förderten die blaue Erde zutage, die dann von Hand gesiebt wurde.*

Rechts Mitte und rechts: *Der weltgrößte Bernsteinförderpunkt ist Jantarnyi (Palmnicken) im Kaliningrader Gebiet – kein Wunder, dass überall um diese Region Bernstein gefunden wird. Überall, wo auf der Nehrung touristische Attraktionen oder Panoramapunkte zu finden sind, wie hier auf dem Parniddener Berg bei Nidden, trifft man auf Bernsteinhändler. Oft fahren die Händler den Reisebussen hinterher, um dort, wo diese einen Stopp einlegen, schnell einen mobilen Stand aufzubauen. Doch die meisten der angebotenen Stücke stammen keineswegs von hier, aus Litauen, sondern sind auf mehr oder weniger legale Weise aus dem Kaliningrader Gebiet ausgeführt.*

Links:
Im Grenzgebiet zu Litauen am Grabscher Haken zwischen Pillkoppen und Nidden entfaltet die Nehrungslandschaft eine hinreißende Pracht.

Das Bade- beziehungsweise Kurhaus von Rauschen, dem neben Cranz (Selenogradsk) begehrtesten Seebad der Samlandküste.

Schroff fällt die samländische Küste bei Rauschen über 30 Meter zur Ostsee und dem schönen und belebten Strand hin ab.

Links:
Nur der Ostseestrand lädt auf der Nehrung zum Baden ein – zum Haff hin ist das Wasser zu trüb und oft behindern breite Schilfgürtel den Zugang.

Links:
Sehr repräsentativ wirken in Tilsits Zentrum die Gebäude der Stadtverwaltung und das Kulturhaus, ehemals Land- und Amtsgericht. Die heutige Grenzstadt Sowjetsk konnte glücklicherweise viel Altbausubstanz bewahren und hat im Vergleich zu anderen Städten des Kaliningrader Gebiets eine recht hohe Lebensqualität.

Links Mitte:
Am Anger, dem alten Stadtpark, steht im heutigen Sowjetsk das Theater. Der ursprünglich klassizistische Bau aus der ersten Hälfte des 19. Jahrhunderts erhielt sein heutiges, erhaltenes Gesicht in den

1930er-Jahren. Das Theater nennt sich ganz offiziell »Theater Tilsit«, wie die kyrillische Inschrift zeigt. Auch die Stadt möchte sich in Tilsit zurückbenennen, doch scheitert dies am Veto Moskaus.

Links unten:
Östlich von Labiau (Polessk) führt die Adlerbrücke über die Deime, einen Pregelarm, der sich ins Kurische Haff ergießt.

Unten:
Wie einst ist die 1907 errichtete Luisenbrücke das Wahrzeichen der Stadt Tilsit (Sowjetsk) und soll an den Tilsiter Frieden von 1807 erinnern.

Links:
Im äußersten Nordosten des Kaliningrader Gebiets liegt die Kreisstadt Krasnosnamensk (Lasdehnen/Haselberg). Sie wurde erst in der Nachkriegszeit zur Stadt erhoben und war vor 1945 nur ein größeres Dorf im damaligen Kreis Pillkallen. Der Krieg verschonte es, so dass hier viele alte Gebäude noch vorhanden sind. In den ländlichen Gemeinden sind die alten Lenin-Denkmäler nicht verschwunden – anders als in Königsberg sah man hier keine Notwendigkeit zum Abbau.

Unten:
Der Entwurf für die Pfarrkirche in Lasdehnen stammt von Schinkels großem Schüler Friedrich August Stüler (1800–1865). Nach seinen Plänen wurde der Bau zwischen 1874 und 1877 ausgeführt. Die Kirche gehört schon seit 1991 der orthodoxen Gemeinde.

Rechts:
Boote im kleinen Hafen des Fischerdorfes Inse (Pritschalij) im ehemaligen Kreis Elchniederung.

Unten:
Die Niederungslandschaften an der Südostecke des Kurischen Haffs sind von einzigartigem Zauber. Viele Kanäle und Gräben (hier der Große Friedrichsgraben) durchziehen das Gebiet. Da die Straßen beziehungsweise die Brücken über diese Wasserwege für Fahrzeuge über fünf Tonnen Gesamtgewicht gesperrt sind, kommt kein auswärtiger Reisebus in dieses abgelegene Gebiet nordöstlich von Labiau.

Oben:
Ein Boot am Ufer des Schillingflusses, der sich in der Nähe des Dörfchens Inse in das Kurische Haff ergießt.

Links:
Auf der Ostsee und im Kurischen Haff wird gefischt, an den Flüssen geangelt: am Schillingfluss bei Inse.

Links:
Im Großen Moosbruch, das sich weit im Hinterland des Ostsaums des Kurischen Haffs ausdehnt, sind viele alte Moorhöfe erhalten, wie hier in Gromowo (Lauknen/ Hohenbruch). Mit 80 Quadratkilometern Fläche ist es das größte ostpreußische Moor. Und es wächst wieder, nachdem seit 1945 keine Melioration und kein Torfabbau mehr stattfinden. Die Bewohner dieser Region können meist nur bescheidene Landwirtschaft betreiben. Andere Erwerbsmöglichkeiten bestehen kaum.

Links Mitte:
Im Hafen von Golowkino (Nemonien/Elchwerder), dem einzigen Hafen an der Innenseite des Kurischen Haffs. Das Haff liefert immer noch ausreichend Fische, um die kleinen Fischereigenossenschaften dieser Gegend am Leben zu erhalten.

Links unten:
In der Haffniederung gibt es sehr fruchtbare Böden, die sich hervorragend zum Gemüseanbau eignen. Die Kartoffeln aus dieser Gegend waren schon vor 1945 wegen ihres Wohlgeschmacks landesweit begehrt. Kein Wunder, dass auch die jetzigen Bewohner alle ihnen zur Verfügung stehenden Parzellen dazu nutzen.

Unten:
Die Moorlandschaft des großen Moosbruchs ist von berückender Schönheit. Die Parwe durchströmt die unzugänglichen Bruchwälder, die wie ein großer sumpfiger Urwald sich selber überlassen sind.

Jasnoje (Kaukehmen/ Kuckerneese) war 1945 unzerstört, weist heute jedoch nur noch 10 Prozent des Gebäudebestands von damals auf. Leere Häuser werden abgetragen und die Ziegel für gutes Geld nach Kaliningrad verkauft. In dem Haus in der Mitte befindet sich ein Kinosaal, der noch aus der deutschen Zeit stammt.

Linke Seite:
Der größte Ort der nördlichen Elchniederung ist Jasnoje (Kaukehmen/ Kuckerneese). Weil die ganze Region so abgeschieden liegt und besonders der Jugend keine Verdienstmöglichkeiten bietet, verfallen Dörfer und Marktflecken wie Jasnoje wegen der starken Abwanderung. Die Kirche von 1708 besitzt einen neugotischen Turm, war 1945 unzerstört und diente danach als Lagerhalle, der Turm als Wasserturm. Ein Notdach schützt das Schiff vor Witterungseinflüssen, doch bald wird der Turm in sich zusammenbrechen.

Von der großen Hindenburgschule in Jasnoje (Kaukehmen/Kuckerneese) blieb nach einem Brand Anfang der neunziger Jahre nur die Turnhalle übrig, die vor kurzem aufs Beste renoviert wurde. Doch wie lange werden diese Kinder hier noch wohnen bleiben?

Seite 116/117:
Die Gilge (Matrossowka), hier südlich von Jasnoje aufgenommen, zweigt westlich von Tilsit aus der Memel ab und bildet die Südgrenze des Memeldeltas. Die Landschaft ist voll erhabener Einsamkeit; die meisten Dörfer, die es hier bis 1945 gegeben hat, sind inzwischen verschwunden. Nördlich der Gilge beginnt das Grenzgebiet zu Litauen, für dessen Befahren und Betreten Ausländer und Personen, die nicht im Kaliningrader Gebiet wohnen, eine Sondergenehmigung benötigen.

Das berühmte Elch-Denkmal in Gumbinnen (Gussew) aus dem Jahre 1910 ist wieder in die Stadt zurückgekehrt, nachdem es in den Nachkriegsjahren nach Königsberg verschleppt worden war.

Evangelischer Gottesdienst in der Salzburger Kirche zu Gumbinnen (Gussew), einer der wichtigsten existierenden protestantischen Gotteshäuser im Kaliningrader Gebiet. Die zahlreichen Russlanddeutschen hier sind fast alle Protestanten. Bereits 1754 stand hier ein Gotteshaus für die aus den Habsburgerlanden wegen ihres Glaubens vertriebenen Protestanten. Das jetzige Gotteshaus stammt aus dem Jahr 1840, wurde 1944 schwer beschädigt und nach 1991 nach und nach wieder aufgebaut.

Ganz nahe der einst östlichsten Stadt des Deutschen Reichs, Schirwindt (Kutusovo), führt eine Allee zum tatsächlich östlichsten Punkt des alten Deutschlands: im Hintergrund die Grenze nach Litauen.

Unmittelbar am Grenzübergang erinnert bei Preußisch Eylau (Bagrationowsk) ein Denkmal an die Schlacht von 1807, in der Napoleon geschlagen wurde.

Links:
Im äußersten Südosten des Königsberger Gebiets liegt der Wystiter See, dessen Ostufer bereits zu Litauen gehört.

Unten:
Bis auf den fehlenden Dachreiter ist das ehemalige Gutshaus in Trakehnen original erhalten.

Links:
Das „Landstallmeisterhaus", wie das barocke (später umgebaute) Guts- und Verwaltungshaus des Trakehner Gestüts einst genannt wurde, ist bestens hergerichtet, beherbergt ein kleines Museum zur Gestütsgeschichte, doch vor allem ist es heute die Dorfschule von Jasnaja Poljana, wie Trakehnens russischer Name lautet. Hier die Ansicht von der Gartenseite.

Rechts:
Die Kreisstadt Tapiau (Gwardejsk) ist im Vergleich zu anderen Städten des Kaliningrader Gebiets gut erhalten und weist noch einige Viertel mit zusammenhängender historischer Bausubstanz auf. Die Stadtkirche, für die Lovis Corinth, der größte Sohn der Stadt, sein (heute verschollenes) Altarbild »Golgatha« schuf, diente nach 1945 als Lagerhalle. Heute ist sie wieder ein geweihtes Gotteshaus.

Unten:
Eine kleine Tafel erinnert am Geburtshaus von Lovis Corinth in Tapiau (Gwardejsk) an den großen Maler, der hier 1858 zur Welt kam.

Oben:
Viel blieb nicht von der alten Ordensburg Taplacken (Talapaki), die nach 1376, nach Zerstörung durch die Litauer wieder errichtet worden war. Sie war kein Komtursitz, sondern ein bloßer ländlicher Verteidigungspunkt im Pregeltal. Die wenigen Mauerreste sind in einen Bauernhof integriert. Die heutigen Bewohner betreiben um die alten Mauern intensiv den Gemüseanbau.

Links:
Im äußersten Norden des Kaliningrader Gebiets, innerhalb der Memelniederung, ist die Landschaft von äußerster Kargheit und darin von verzauberndem Reiz, wie hier am Gilgefluss.

Drei Sommer verbrachte Thomas Mann zwischen 1930 und 1932 in seinem Haus in Nidden, das heute ein kleines Museum birgt.

Das Memelland, das litauische Ostpreußen, ist eine weit gehend vergessene Region. Der schmale Streifen nördlich des Memelstroms mit dem Nordteil der Kurischen Nehrung wurde bereits 1919 durch den Versailler Vertrag Litauen zugesprochen. Zwar besteht ein intensiver Fremdenverkehr in dem nördlichen Teil der Kurischen Nehrung, wo sich, im Gegensatz zum russischen Teil, inzwischen eine ansehnliche Infrastruktur entwickelt hat und genauso häufig wird Deutschlands ehemals nördlichste Stadt Memel besucht, doch der Rest des nur kleinen Gebiets bleibt unberührt. Freilich lassen sich im Gebiet der ehemaligen Litauischen Sowjetrepublik, besonders auf dem Land, ähnliche Zustände wie auf der südlichen Seite der Memel finden, aber sogar Litauens kleinere Städte zeigen unübersehbar, wie weit man auf dem Weg nach Westeuropa bereits fortgeschritten ist.

Hier gilt es manches zu entdecken. Es faszinieren nicht nur die Dünen von Nidden und die anheimelnde Altstadt von Memel zwischen Marktstraße und Dange. Das ganze Memeltal mit den Wilkischker Bergen, die Moore um Heydekrug und vielleicht als schönstes – die Auenlandschaft des äußeren Memeldeltas bei Ruß verdienen es, aufgrund ihrer eigentümlichen Reize, begehrte Reiseziele zu werden. Die Landschaft der Mingeniederung ist von einmaligem Zauber: Storchenschwärme ziehen darüber hin, jenseits des Haffs glitzert dunkelgelb Niddens Hohe Düne. Typisch memelländische Einzelgehöfte mit Dächern, geschmückt mit Holzkreuz und Pferdekopf findet man hier. Und: Reisen nach Litauen sind ähnlich problemlos wie solche nach Polen.

Rechts:
Der Theaterplatz ist mit dem Ännchen-Denkmal beziehungsweise -Brunnen sicherlich das meistfotografierte Motiv in Memel (Klaipėda). Simon Dach, 1605 in Memel geboren, dichtete das Lied in niederdeutscher Sprache als »Anke von Tharaw« im Jahr 1636 anlässlich der Eheschließung seines Freundes, des Pastors Johannes Partatius mit der Anna Neander (1615–1689) aus Tharau bei Königsberg. Das Denkmal ist eine Nachbildung aus dem Jahr 1991, das Original aus dem Jahr 1912 ging in den Nachkriegswirren verschollen.

Rechts:
Wenngleich der große Stadtbrand 1854 und der Krieg im Dezember 1944 viel zerstört hatten, sind doch hie und da alte Bürgerhäuser in Memel noch vorhanden.

Ganz rechts Mitte:
Bis heute ist Memels Altstadt nicht geschlossen wieder aufgebaut. Viele Lücken erinnern an die Kriegszerstörungen, doch hat man ganz bewusst dazwischen immer wieder »Traditionsinseln« errichtet. Damit hat Memel eine den Besuch lohnende historische Innenstadt zumindest in Teilen wiedererhalten.

Ganz rechts unten:
Um den Theaterplatz laden in Memel eine Fülle von stilvollen Restaurants zur Einkehr ein.

Ganz links oben:
Die besonderen geografischen Verhältnisse Ostpreußens und des Baltikums, die Küstennähe und das Fehlen von Gebirgen bis hin zum Ural lassen ganz einzigartige Wolkenbildungen entstehen.

Ganz links Mitte:
Eine gepflegte Promenade, gesäumt von alten Speicherhäusern, in denen vorzügliche Restaurants zu finden sind, zieht sich in Memel entlang des Dangeflusses. In der Saison, zwischen Mitte Juni und Ende August, herrscht hier ein emsiges Treiben.

Links:
Alle zehn bis fünfzehn Minuten überquert am Tag eine Fähre das Memeler Tief zwischen Stadt und Nehrung, die auf dem Landweg (abgesehen von der umständlichen und wegen der Grenze zeitraubenden Tour über das Königsberger Gebiet) nicht erreichbar ist.

Links:
Das moderne Klaipėda ist mit gut 350 000 Einwohnern die drittgrößte Stadt Litauens und dessen Tor zur Welt. Links hinten erblickt man den nördlichsten Zipfel der Nehrung, zwischen diesem und dem Hafen liegt der schmale Durchlass des Memeler Tiefs, das wegen der schnellen Versandung ständig freigehalten werden muss.

Register

50 km
O s
Weiherowo/
Neustadt
Słupsk/
Stolp
Sopot/
Zoppot
Bytów/
Bütow
Chojnice/
Konitz

LITAUEN
RUSSLAND
OSTPREUSSEN
POLEN
Danziger Bucht
t s e e
Palanga/
Polangen
Kretinga/
Krottingen
Tauralaukis/
Gr. Tauerlauken
Klaipėda/
Memel
Panevėžys/
Ponewesch
Kelme/
Kelmen
Priekule/
Prökuls
Nationalpark
Kurische Nehrung
Juodkrantė/
Schwarzort
Saugos/
Saugen
Thomas-Mann-Haus
Neringa-Nida/
Nidda
Šilute/
Heydekrug
Rusnė/
Ruß
Taurage/
Tauroggen
Neman/Memel
Pagėgiai/
Pogegen
Vilkyškiai/
Willkischken
Smalininkai/
Schmalleningken
Jasnoe/
Kuckerneese
Sovetsk/
Tilsit
Rybačij/
Rossiten
Slavsk/
Heinrichswalde
Neman/
Ragnit
Krasnoznamensk/
Haselberg
Kaunas/
Kauen
Kurische Nehrung
Kurisches Haff
Svetlogorsk/
Rauschen
Pionerskij/
Neukuhren
Zelenogradsk/
Cranz
Deima most
Polessk/
Labiau
Bolšakovo/
Kreuzingen
Bernsteinküste
Jantarnyj/
Palmnicken
Samland
Gurevsk/
Neuhausen
Dobrovolsk/
Schloßberg
Primorsk/
Fischhausen
Černjahovsk/
Insterburg
Veseloe
Černyševskoe/
Eydtkau
Baltijsk/
Pillau
Kaliningrad/
Königsberg
Gvardejsk/
Tapiau
Svetlyj/
Zimmerbude
Pregolja/Pregel
Gusev/
Gumbinnen
Nesterov/
Ebenrode
Marijampolė/
Mariampol
Kosa/
Neutief
Znamensk/
Wehlau
Laduškin/
Ludwigsort
Nationalpark Frische Nehrung
Pjatidoro/
Bladiau
Komevo/
Zinten
Pravdinsk/
Friedberg
Ozersk/
Angerapp
Frisches Haff
Piaski/
Neukrug
Mamonovo/
Heiligenbeil
Bagrationovsk/
Preußisch Eylau
Železnodorožnyj/
Gerdauen
Goldap/
Gołdap
Frische Nehrung
Braniewo/
Braunsberg
Gdansk/
Danzig
Stegna/
Steegen
Frombork/
Frauenburg
Wegorzewo/
Angerburg
Pieneizno/
Mehlsack
Bartoszyce/
Bartenstein
Nowy Dwór/
Tiegenhof
Elblag/
Elbing
Młnary/
Mühlhausen
Zamek
Biskupów
Lidzbark-
Warminski/
Heilsberg
Gierłoż
Jez. Dargin/
Dargeinensee
Suwalki/
Sudauen
Orneta/
Wormditt
Ketrzyn/
Rastenburg
Gizycko/
Lötzen
Olecko/
Treuburg
Kanal
Ostródzko-Elblaski
Paslek/
Preußisch Holland
Reszel/
Rössel
Swieta-Lipka
Malbork/
Marienburg
Dobre Miasto/
Guttstadt
Mragowo/
Sensburg
Wisła/Weichsel
Ermland
Masurische Seenplatte
Augustów
Sztum/
Stuhm
Dzierzgori/
Christburg
Morag/
Mohrungen
Biskupiec/
Bischofsburg
Mikolajki/
Nikolaiken
Orzysz/
Arys
Elk/
Lyck
Jez. Sniardwy/
Spirdingsee
Hrodna
Olsztyn/
Allenstein
Ruciane-Nida/
Niedersee-Niedem
Pisz/
Johannisburg
Prabuty/
Riesenburg
Ostróda/
Osterode
Szczytno/
Ortelsburg
Iława/
Deutsch Eylau
Olsztynek/
Hohenstein
Nidzica/
Neidenburg
Działdowo/
Soldau
Łomża
Białystok

Diese künstlerisch gestalteten Wimpel waren einst das Erkennungszeichen jedes alten Kurenkahns. Jeder Fischer gestaltete seinen Wimpel (gleichsam das Kennzeichen seines Kahns) in eigener fantasievoller Form. An einem bestimmten Motiv im unteren Bereich des Wimpels war abzulesen, aus welchem Dorf das Boot stammte. Alle Dörfer an der Ostseite des Kurischen Haffs führten rot-weiße Kombinationen, wie hier die beiden rot umrandeten Rechtecke zeigen.

Impressum

Buchgestaltung
www.hoyerdesign.de

Karte
Fischer Kartografie, Aichach

Printed in Germany
Repro: Artilitho snc, Lavis-Trento, Italien
www.artilitho.com
Druck und Verarbeitung: Offizin Andersen Nexö, Leipzig

Bildnachweis
Alle Bilder von Wolfgang Korall mit Ausnahme von S. 34/35: rest/iStockphoto.com

ISBN 978-3-8003-4165-8